CONVERSATION

ENTRE

UNE DAME BOURBONISTE

ET

UNE DAME BUONAPARTISTE.

Par Madame. L. D...

PARIS,

CHAUMEROT jeune, Libraire, Palais-Royal,
galerie de bois, n° 188.

1815.

CONVERSATION

ENTRE

UNE DAME BOURBONISTE

ET

UNE DAME BUONAPARTISTE.

La dame Bourboniste.

BONJOUR , mon enfant.

La dame Buonapartiste.

Bonjour , madame.

La dame Bourboniste. Hé bien !...

La dame Buonapartiste. De quoi s'agit-il ?

La dame Bourboniste. Avez-vous lu la dernière proclamation du roi ?

La dame Buonapartiste. Oui.

La dame Bourboniste. Hé bien ?

La dame Buonapartiste. Hé bien ! ... C'est
un homme qui n'en veut pas démordre , et sans
contredit, c'est le plus coupable ambitieux qu'il
y ait.

La bame Bourboniste. Comment!... lui !... lui ! ... le pauvre cher homme, un ambitieux, pour vouloir reprendre ce qui ne lui appartient que trop !

La dame Buonapartiste. Je vous ai déjà dit, madame, qu'on ne traite pas d'une couronne comme d'un héritage, et que le peuple n'est pas une propriété.

La dame Bourboniste. Je vous dis, moi, que que le peuple est fait pour Louis XVIII.

La dame Buonapartiste. Ah ! madame, il n'y a que les Bourbonistes pour le croire ; mais le peuple français, dont ils ne font pas nombre plus que les émigrés, a de lui-même une toute autre opinion.

La dame Bourboniste. Si cela est ainsi, pourquoi donc a-t-il montré tant d'enthousiasme à la rentrée de ce bon roi ?

La dame Buonapartiste. Le peuple n'a pas montré d'enthousiasme comme vous le dites, madame ; parce qu'il n'est pas composé que de soudoyés, de prêtres séditieux, d'une vieille caste, et qu'il n'a jamais consenti à voir revenir ce bon roi, à la suite de Prussiens, d'Anglais et surtout de cosaques.....

La dame Bourboniste. Vous y voilà encore... Allez, vous ne savez guère estimer des cohortes protectrices. Aussi vous méritez bien ce que vous avez.

La dame Buonapartiste. Ce que nous avons?.. que le ciel nous fasse la grâce de le conserver long-temps.

La dame Bourboniste. Quelle indignité ! Tremblez, imprudente, du vœu que vous formez !

La dame Buonapartiste. Madame, veuillez au moins me dire pourquoi.

La dame Bourboniste. Vous pouvez le demander, quand depuis plus de quinze ans, le sang des hommes rougit la terre au commandement d'un seul.

La dame Buonapartiste. Ne voilà donc que quinze ans, que le frère du malheureux Louis seize a des prétentions ?

La dame Bourboniste. Quoi ! c'est à lui que vous attribuez........

La dame Buonapartiste. Oui madame. En ce cas voilà vingt-deux ans passés que le sang coule, au commandement de celui-là.

La dame Bourboniste. Je n'en crois pas un mot, mais quoiqu'il en soit, vous ne voulez donc pas entendre que pour des rebelles on ne doit pas perdre sa légitimité ?

La dame Buonapartiste. C'est plutôt vous,

madame, qui ne voulez pas entendre que la légitimité n'a lieu que par le consentement de la
nation. Et la nation peut abolir une dynastie
dont le système est opposé aux droits sacrés des
hommes.

La dame Bourboniste. Louis xvi rendait
donc le peuple malheureux ?

La dame Buonapartiste. Je ne crois pas que
ce fût jamais son intention, mais Louis xvi,
n'en était pas moins né au milieu des vieilles
erreurs... Et toute idée libérale doit les repousser
comme le plus grand fléau de l'humanité. Le
peuple alors ne pouvait donc pas être heureux,
à moins que vous entendiez qu'il dût faire con-
sister son bonheur dans son abaissement, et
dans sa soumission à l'égard de ceux qu'on
appelle les grands. Toutefois, dans l'état de
chose où Louis xvi se trouva par rapport à eux,
il écouta la voix du peuple qui, à travers tant de
brigues, avait enfin trouvé un moment pour
respirer ; il écouta, dis-je, la voix du peuple,
il en reçut une constitution et jura de la maintenir. Alors.... il pouvait être le plus heureux
des rois ! mais peu fait pour régner, il se laissa
entraîner à de perfides conseils, se jeta le len-
demain de son serment, dans les bras des
factieux qui tremblaient de perdre leur coupa-

ble autorité, et il fut puni du crime des autres ,
par une mort infamante pour eux seuls ; puisqu'elle mit aussi-tôt au jour leurs révoltantes
prétentions que le sentiment de notre honneur,
nous a fait combattre constamment.

La dame Bourboniste. En ce cas , ceux qui
ont condamné Louis xvi auront toujours à se
reprocher la mort d'un homme innocent ?

La dame Buonapartiste. Non madame, si par
des biais infâmes on cherchait aujourd'hui à vous
rendre coupable, en vous entraînant dans des
démarches odieuses, et qu'on payât des hommes
assez vils , pour déposer contre vous , on sur-
prendrait aisément, et la bonne foi de vos juges ,
et celle des jurés. Hors dans ces cruelles circonstances, les députés ont tenu la place des jurés
que je vous suppose, et les agens des factieux
ont reçu l'or , et sont les délateurs que je dois
vous supposer aussi.

La dame Bourboniste. Et le chef de la
faction, est sans doute d'après ce que vous
dites.....

La dame Buonapartiste. Louis xviii, madame, que j'aurais mieux aimé, comme dit un
homme d'esprit, appelé Louis xvii.

La dame Bourboniste. Et quelle preuve en
a-t-on que Louis xviii....

La dame Buonapartiste. Ah! madame, quelle preuve en a-t-on ?... Qui forma le projet d'émigration, et à quelle fin ? Qui était et a toujours été le chef des émigrés, si ce n'est Monsieur ? et où s'est-il réuni avec cette horde de sujets rebelles ? Allez à Coblentz, madame, allez, et on vous apprendra la vie qu'il y menait au mépris des fers dans lesquels il venait de plonger sa victime.... paré de la pourpre royale.... Na-t-il pas méconnu, dédaigné ouvertement l'autorité expirante de son roi? Cette conduite atroce est-elle équivoque dans sa correspondance que sa fuite de Veronne et l'arrestation de ses complices ont fait tomber entre les mains des autorités ? Madame, vouloir démentir ces faits, c'est démentir des millions d'âmes, c'est approuver les journées de Quiberon, de Montauban, c'est outrager les cendres de l'infortuné Louis XVI, que de vouloir prouver innocent son plus coupable ennemi; en un mot, c'est justifier sa triste fin.

La dame Bourboniste. J'ai bien entendu parler dans le temps... de quelque chose à peu près comme cela...; mais je n'ai jamais voulu rien en croire, et n'en croirai jamais rien. Au surplus, d'Orléans était toujours le plus cité dans tout cela. Dieu merci ! il s'est assez

montré, et dans de belles intrigues , je
crois !...

La dame Buonapartiste. Oh ! quant à celui-là
il a travaillé pour lui , qnand il a vu qu'il n'avait
rien à gagner à travailler pour les autres... Il
a payé sa faute ; cela devait être ainsi ; mais ce
n'est pas lui qui a jeté la balle. Sa conduite
forme un de ces incidens qui ressortent beaucoup , il est vrai , dans cette espèce d'intrigue ,
mais qui se détachent très-visiblement du sujet
principal.

La dame Bourboniste. Ah ! si cela était
bien vrai !... Mais non, encore une fois , je
n'en veux rien croire.

La dame Buonapartiste. Alors , madame , je
vous plains ; vous êtes totalement fanatisée.

La dame Bourboniste. Ah ! madame , c'est
qu'il est si pénible de voir un coupable dans
celui qu'on veut aimer !

La dame Buonapartiste. J'en conviens ; mais
prouvez-moi qu'il ne l'est pas , celui que vous
voulez aimer.

La dame Bourboniste. Mais , madame , je ne
puis opposer à ce que vous me dites , que les
sentimens de mon cœur, d'après lesquels je
dois juger de ceux d'un frère , certainement
qu'il est impossible de croire. . . .

La dame Buonapartiste. Madame, cette manière de juger des autres d'après soi, n'est pas toujours une bonne raison, puisqu'elle ne peut rien en faveur des grands coupables.... et si même elle pouvait quelque chose, ce serait la plus mauvaise raison du monde.... Mais au moins , dites-moi.... répondez-moi de bien bonne foi. ...

La dame Bourboniste. Volontiers , madame.

La dame Bounapartiste. Pensez-vous qu'il soit dans l'ordre des choses de gouverner un peuple comme on gouverne un misérable troupeau de bétail ?

La dame Bourboniste. Mais . . . je. . . .

La dame Buonapartiste. Répondez au moins cathégoriquement.... je vous en prie.

La dame Bourboniste. Non sans doute.

La dame Buonapartiste. Hé bien ! vous dissimulerez-vous, qu'à l'égard des peuples, l'ancienne noblesse en agissait ainsi ?

La dame Bourboniste. Oh! je sais bien qu'il y avait en cela de grands abus.

La dame Buonapartiste. Oui, madame, mais de ces abus passés en droits sacrés, en droits inviolables ! ...

La dame Bourboniste. Je le sais. . . .

La dame Buonapartiste. Vous ne les approuvez donc pas?

La dame Bourboniste. Non.

La dame Buonapartiste. Le roi qui les soutient, qui les consolide, et qui n'établit sa puissance suprême que sur de tels principes, comment l'appellerez-vous?...

La dame Bourboniste. Hé bien!.... je.... Ma foi!... je dirai que c'est un grand tort de penser de la sorte.

La dame Buonapartiste. En ce cas, madame, le mépris du peuple et de ses droits, attaque donc votre sensibilité.

La dame Bourboniste. Oui, certainement!

La dame Buonapartiste. Hé bien! voilà le système du gouvernement de celui qui a osé nous parler de sa puissance paternelle. Tout pour la vieille caste et rien pour la nation. Il fallait que cet homme eût bien ces principes à cœur, de la manière dont il a gouverné pendant dix mois seulement!... car que ne faisait-il pas en faveur de ses vieux et chers nobles! De quelles humiliations n'étaient pas couverts ceux qui ne pouvaient montrer de vieux parchemins, ou qui n'avaient pas émigrés!... car cette dernière action servait incontestablement

de recommandation à des titres d'honneurs....
On avait désobéi à Louis xvi, on avait porté
les armes contre sa patrie, on avait servi les
projets de la plus indigne ambition; et les titres
et les décorations devaient acquitter la recon-
naissance du souverain !.... mais quels titres !
quelles décorations ! Puis, avec quelle audace
ce roi a-t-il prononcé le pardon d'un peuple
qui n'avait été que le jouet des intrigues les plus
odieuses ! n'était-ce donc pas vouloir l'accabler
de honte ! Approuvez - vous tout cela, madame ?

La dame Bourboniste. Si cela est ainsi, non
bien certainement non, je ne l'approuve pas.

La dame Buonapartiste. Si !.... Hé! mon
Dieu, toujours un si! Enfin un homme doit-il,
en dépit des constitutions, en dépit de la volonté
d'une nation, s'emparer, par le fer étranger et à
l'aide des trahisons les plus infâmes, d'un trône
élevé par une gloire, par des vertus qui lui sont
totalement inconnues ? Par cela seul, ne met-il
pas lui - même le comble à son déshonneur?
Quelles prétentions Louis xviii pouvait - il
réaliser au milieu d'une génération formée du
sang de cette même gloire et vivement pénétrée
de l'amour de ces mêmes vertus? A parler tout

nettement, a-t-il cru nous ramener au siècle
de l'imbécilité? La raison peut aller en crois-
sant; mais on l'a dit avec justice, elle ne rétro-
grade pas. Voilà, madame, la première fois
qu'on mérite ici le titre d'homme. Lisez avec
soin toutes les pages de l'histoire de France,
vous verrez que c'est aujourd'hui que les lu-
mières y ont atteint le plus haut degré. Faites-en
autant pour ce qui est de l'histoire de tous les
autres peuples, vous y verrez sans doute de
grands hommes, mais jamais un potentat qui
valût Napoléon. C'est sans enthousiasme que je
vous le dis. C'est à lui que nous devons ce haut
degré de lumière et de gloire dont je parle.
Les Français, sans contredit, en avaient déjà
acquis à la révolution; mais depuis quinze ans,
ils ont vécu des siècles! J'écrirais de gros vo-
lumes pour vous mettre sous les yeux jusqu'où
il a porté les bienfaits de son génie. Celui-là,
madame, est à la fois l'homme universel,
l'homme unique, l'homme nouveau, et par
conséquent l'homme qu'on ne saurait comparer
à d'autres. Je vous le répète, madame, c'est
toujours sans enthousiasme que je vous parle
de l'empereur.

La dame Bourboniste. Oh! je sais parfaitement que ce que vous dites n'est que trop vrai,

malheureusement pour d'autres.... Mais il a bien fait la guerre aussi. ...

La dame Buonapartiste. Ah! madame, on ne s'en serait pas plaint, s'il n'avait pas été si affreusement trahi en 1814!... Les calamités des grands hommes sont des torts que les méchans leur imputent toujours.... Pourquoi faut-il que tous les sujets d'un grand monarque ne soient pas dignes de lui !... Toutefois, Napoléon n'a pas à se plaindre de la majorité. Au moins vingt-deux millions de Français sont pour lui. Le degré de notre amour est le degré infini et en même temps le prix de ses vertus immortelles !

La dame Bourboniste. Je suis encore bien loin de disconvenir du nombre de ses zélés partisans ; mais comment en finirons-nous avec toutes ces autres puissances? car le désir de tous les honnêtes gens, c'est d'avoir la paix. Vous pensez bien, madame, que je ne suis pas du nombre de ces furies qui appellent le fer des ennemis, dans le sein de leur patrie.

La dame Buonapartiste. Je le pense bien, madame : si vous étiez de celles-là, je n'aurais pas le plus petit mot à vous répliquer. Mais vous demandez comment nous en finirons avec toutes ces autres puissances ? Soyez tranquille, madame : une guerre de spéculation, de rapine et d'injustice ne peut, en aucune manière, entrer en parallèle avec une guerre nationale, ni balancer ses succès. D'ailleurs avons-nous jamais été vaincus par ces puissances ? Est-ce donc au jour que nos forces sont plus formidables que jamais, que ces mêmes puissances auraient moins à nous redouter ? ou faut-il croire encore à la trahison !... Mais comment y croire !... je ne vois autour de l'empereur, je ne vois dans les rangs, que des sujets éprouvés, que des vertus sans taches, que des cœurs animés de l'amour de la gloire ! Ah ! madame ! le ciel ne voudrait pas se jouer ainsi des hommes qu'il vient si bien de protéger.

La dame Bourboniste. Je le crois, ma jeune amie.... mais dites-moi donc.... j'ai une autre question à vous faire. Et les actes additionnels de la constitution, comment les trouvez-vous ?

La dame Buonapartiste. De la plus grande pureté, madame. Tout ce qui garantit les droits de la nation, est toujours bien.

La dame Bourboniste. Oui... mais on les a bien critiqués, ces actes... l'hérédité des pairs, surtout a été l'objet de bien des discussions.

La dame Buonapartiste. Eh ! pour qui ? pour des gens qui, abusant effrontément de la liberté, de la presse, ont émis une opinion sans valeur. Croiriez-vous qu'il n'y a pas un de ces individus qui, de sa table à écrire et armé de sa plume, n'ait la sotte vanité de penser qu'il attirera vers lui ; l'attention des peuples, en prenant pour motif une chose qui leur est parfaitement indifférente ; car, en conscience ! que leur importe l'hérédité des pairs ? Il en est de cette hérédité comme de la dynastie des monarques. Les vertus peuvent seules maintenir toute espèce d'autorité. Sans elles, plus de succession dans les charges ; sans elles, plus d'hérédité pour les princes.

La dame Bourboniste. A le prendre de la sorte, il est vrai qu'il n'y a plus rien à redire.

La dame Buonapartiste. Madame, s'il fallait écouter tous ces pauvres écrivains, nous attendrions bien long-temps dans leurs discusions, avant d'avoir une bonne constitution ! D'ailleurs, ces actes additionnels sont consentis par la grande majorité, et c'est attester assez leur validité. Et puis... les hommes, comme dit un petit proverbe... sont bons, à leurs intérêts près..., et ils savent se réunir à temps contre ce qui peut les atteindre... et vous ne voyez pas qu'il y ait rumeur de leur part en cette circonstance. Car, le peuple n'est pas une

une machine comme quelques gens veulent bien le dire. S'il n'avait pas son sentiment à lui, est-ce que l'empereur serait ici? Certes, ce peuple on l'a assez pressé pour repousser le grand homme. Ils avaient beau jeu, les Français ! Ils étaient vingt-cinq millions passés, contre six cents hommes de troupe seulement, et qui venaient l'arme sous le bras.

La dame Bourboniste. Oui, ma bonne amie; mais il faut être de bon compte....Il y a eu dans tout cela un certain complot....

La dame Buonapartiste. Eh! non, non, madame, l'empereur n'est revenu qu'à ses risques et périls : mais admettons qu'il y eût eu un complot, ce ne pouvait toujours être que celui des armées et de la nation, puisqu'on les a vues en même temps courir au-devant de ce chef bien aimé. Ainsi donc c'est en revenir au vœu général; et de quelque côté qu'on envisagera la chose, on verra toujours l'homme qui retrouve ses plus chères possessions, je veux dire les cœurs de tous les peuples qui l'ont appelé, depuis quinze ans, à les gouverner.

La dame Bourboniste. Puissions-nous donc être heureux !

La dame Buonapartiste. Mais, madame, je ne vois de malheureux parmi nous, que ceux qui veulent l'être par leur entêtement, par leur opinion, qui les jettent dans des convulsions épouvantables !... que ceux qui, comme vous le dites, appellent le fer étranger dans le sein de leur patrie. Aussi je ne sais en vérité comment ils sont organisés! Car, quels sont les individus qui peuvent se déchaîner contre leurs propres intérêts, contre leur honneur, conttre la garantie de leurs droits, enfin contre leur bien être ? Il est vrai, comme je viens de vous le dire, que ces gens-là ne composent pas la nation ou du moins ne méritent pas de la composer ; car, au fait, ce sont toujours nos compatriotes. C'est pourquoi il est plus affreux de leur part et plus déchirant pour nous, de les voir nous présenter le spectacle d'hommes qui se font volontairement les martyrs d'une cause révoltante. Cela est si vrai, qu'ils repoussent toute lumière avec une démence qui va jusqu'à la frénésie. Ils auraient horreur d'être convaincus.

La dame Bourboniste. Oh! pour le coup! je ne suis pas de ceux-là.... je ne demande de bonne foi, qu'à m'éclairer. Tant pis pour ceux qui ne pensent pas de la sorte. Je sens que j'ai un cœur fait pour aimer mon pays. Je puis voir le bien où le seul mal existe ; mais ce n'est qu'une erreur que je confesse avec sincérité. Et puis. ... voyez-vous.... une vieille habitude....

La dame Buonapartiste. Mais l'expérience cependant..... Car vous avez vu de terribles événemens.... et cela porte à tant de réflexions!

La dame Bourboniste. Oui ; mais je ne les ai vus que comme ils m'ont d'abord été présentés. ... La mort de Louis xvi me fit détester la république, et m'intéressa en faveur de toute sa famille.... Et ce n'était pas à moi de rompre le nœud gordien !... Beaucoup d'autres en cela se sont laissé entraîner tout aussi bien que moi !... Mais comme nos opinions ont toujours été déçues. ... peut-être ne sont-elles pas les meilleures !...

La dame Buonapartiste. Oh ! il n'y a pas de peut-être.... et il ne faudra pas encore vingt-trois ans pour le prouver.

La dame Bourboniste. Je n'ai pas de peine à vous croire... Mais revenons à Napoléon... Il faut convenir, ma chère amie, que vous l'aimez bien !

La dame Buonapartiste. Oh ! certainement ! D'ailleurs quelle femme n'a jamais senti son cœur, au récit seulement des actions magnanimes, des brillans exploits de ce héros ? Comment nommer celle qui ne sait pas aimer tant de gloire ! Aussi que n'ai-je pas souffert durant l'apparition de Louis xviii ici ! Ah ! madame !..

si vous les eussiez vues, observées de la manière que je les ai vues et observées, ces femmes Bourbonistes... vous auriez abhorré leur opinion. Jusqu'à quel excès l'ont-elles poussée ! A quel abominable enthousiasme ont-elles prétendu porter les esprits de tous ceux qui les entouraient ! A quel degré de douleur et d'ignominie ont-elles osé condamner celui-là même que révèrent des rois ennemis. — Honneur aux femmes que rien n'a pu détourner de l'amour du grand homme. Honneur à celles qui ont versé des larmes sur son malheur..... qui ont appelé sans cesse, dans son exil, la protection d'un Dieu de justice. Les royalistes ont dit qu'elles ne sont pas mères !... elles sont plus encore. ... elles sont citoyennes jusque dans la postérité de nos derniers neveux. Ce sont celles-là seules qui méritent d'avoir une patrie. Heureuse donc la nôtre de n'avoir eu dans son sein qu'un petit nombre de femmes lâches et sans pudeur !...

La dame Bourboniste. Il est vrai que j'ai été scandalisée plus d'une fois..... de certains propos de ces dames.... et même de certaines actions.....

La dame Buonapartiste. Madame, je les ai vues par leurs seuls regards, inspirer l'indignation et l'effroi ! Je ne puis même trouver d'expression pour vous peindre la physionomie de ces créatures.... on frémit à l'aspect d'un méchant.... mais comment expliquer le sentiment que fait naître la scélératesse d'une femme ! périsse donc l'individu que le nature a paré de mon sexe, s'il ne respire que pour le couvrir d'opprobre !

La dame Bourboniste. Oh ! mon amie ! vous avez bien raison.

La dame Buonapartiste. Dites-moi en grâce madame, si c'est le parti de l'honneur qui peut porter à de pareilles infâmies ?

La dame Bourboniste. Non, et je le dis très-formellement ; non, je dis plus, c'est que le parti buonapartiste est d'une douceur, d'une générosité sans exemples, point de libelles diffamatoires, des faits seulement que bien attendu le parti royaliste renie à toute outrance..... mais cela n'a rien de surprenant.

La dame Buonapartiste. Non madame, mais j'ai déjà eu l'honneur de vous le dire : renier ces faits, c'est renier l'existence des pièces justificatives tombées entre nos mains, à l'arrestation des agens de Louis xviii. C'est démentir des millions d'hommes, c'est démentir les tribunaux qui ont jugé ces mêmes agens ; c'est renier enfin qu'il fait jour en plein midi. D'ailleurs ce n'est pas d'aujourd'hui seulement que ces pièces justificatives sont mises en évidence. Elles ne reparaissent successivement qu'à cause des circonstances actuelles, comme ce n'est pas d'aujourd'hui, non plus, qu'on sait les menées de Monsieur, frère de Louis XVI...Il n'est pas de personnes un peu éclairées en politique, qui puissent les ignorer. Il faut n'être jamais sorti de sa tanière, pour les apprendre comme une nouvelle, ou pour les regarder comme de pure invention.

La dame Bourboniste. Mais Louis XVIII, en venant ici, devait bien savoir qu'on ne les ignorait pas.

La dame Buonapartiste. Que lui importait pourvu qu'il régnât! une force étrangère, une force ennemie le plaçait sur le trône..... il voyait ses projets accomplis, et les mécontens ne pouvaient alors que se taire.... mais il aurait dû ne pas croire à son bonheur; puisqu'il ne le devait qu'à la trahison et au malheur d'une nation outragée qui comprimait sa douleur et ses pensées au milieu des troupes étrangères. Mais cette nation ne pouvait pas toujours en être entourée! elle devait trouver enfin le moyen de se venger de tant d'humiliations. Habitués à vaincre depuis vingt ans, étions-nous donc faits pour souffrir long-temps un gouvernement si odieux !...Mais Napoléon nous a pressentis, et s'il faut combattre, la victoire est à nous ; car nous sommes par lui, la grande nation, et notre cause est celle du juste, puisqu'enfin nous défendons notre gloire et notre indépendance.

La dame Bourboniste. Oh ! mon enfant que le ciel vous entende donc ! je forme ce vœu de bien bon cœur ; car vous me faites aimer votre cause ! Adieu mon amie, mais jusqu'au moment très-prochain de vous revoir ; je sens que je ne pourrais plus me passer de ce plaisir. Oui, vous me faites croire aux vertus de la généra-tion présente !

La dame Buonapartiste. Ah ! madame !.... Vous me pénétrez d'amitié.... pourquoi tous les royalistes ne vous ressemblent-ils pas !

FIN.

DE L'IMPRIMERIE DE CHARLES, RUE THIONVILLE, N° 36.